2. Mars 1775.

15.

ORDONNANCE
DU ROI,

Concernant les Gardes du Pavillon & de la Marine.

Du 2 Mars 1775.

DE PAR LE ROI.

SA MAJESTÉ s'étant fait repréſenter les diverſes Ordonnances concernant la Compagnie des Gardes du Pavillon, & celles des Gardes de la Marine, & particulièrement l'Ordonnance du 14 Septembre 1764, concernant leſdites compagnies; celle du 18 Janvier 1772, portant création de huit régimens ou brigades, à chacun deſquels étoit affectée une

A

Compagnie, composée en partie de Gardes du Pavillon, & en partie de Gardes de la Marine; & les deux Ordonnances du 29 Août 1773, l'une portant réduction & fixation des Gardes de la Marine, l'autre portant établissement d'Écoles Royales de Marine; Elle auroit reconnu que toutes les Troupes attachées au service de sa Marine, ayant été réunies en un seul Corps par son Ordonnance du 26 Décembre 1774, les huit Compagnies des Gardes du Pavillon & de la Marine desdites huit brigades supprimées, ne pouvoient plus subsister dans leur état actuel: en conséquence, Elle auroit résolu de rétablir lesdits Gardes du Pavillon & de la Marine, sous une forme plus relative à leur véritable destination: Et voulant en même temps faire éprouver les dispositions de ceux qu'Elle admettra désormais aux places de Gardes de la Marine, exciter l'émulation entre lesdits Gardes, & s'assurer de leur instruction, Elle a ordonné & ordonne ce qui suit:

ARTICLE PREMIER.

Réunion des Gardes de la Marine en trois Compagnies.

LES Gardes de la Marine, faisant partie des huit Compagnies attachées aux régimens ou brigades, créés par l'Ordonnance du 18 Février 1772, & supprimés par celle du 26 Décembre 1774, seront réunis en trois Compagnies, dont une servira à Brest, une à Toulon, & la troisième à Rochefort.

2.

Réunion des Gardes du Pavillon en une seule Compagnie.

LES Gardes du Pavillon, faisant également partie des huit Compagnies desdites brigades supprimées, seront réunis en une seule Compagnie divisée en deux Détachemens égaux, dont l'un sera employé à Brest, l'autre à Toulon.

3.

LES trois Compagnies des Gardes de la Marine, seront

composées à l'avenir, chacune de cinquante Gardes de la Marine; & il y sera attaché des Aspirans-gardes de la Marine, conformément à ce qui sera réglé par la présente Ordonnance: Entend cependant Sa Majesté que le nombre des Gardes de la Marine de chaque Compagnie, pourra être augmenté à proportion qu'un plus grand nombre desdits Aspirans mériteront d'être admis dans les Compagnies des Gardes de la Marine; mais que dans aucun cas le nombre des Gardes de la Marine & des Aspirans pris ensemble, ne pourra excéder soixante-dix.

Fixation du nombre des Gardes de la Marine.

Il sera attaché à chaque Compagnie trois Hautbois & deux Tambours.

4.

CHACUNE de ces trois Compagnies sera commandée par un Capitaine de vaisseau, qui en sera le Commandant:

Officiers préposés aux trois Compagnies des Gardes de la Marine.

Deux Lieutenans de vaisseau, qui en seront les Lieutenans en premier & en second:

Deux autres Lieutenans de vaisseau, qui en seront les Chefs de brigade:

Et huit Enseignes de vaisseau, dont les quatre premiers en seront les Brigadiers, & les quatre autres les Sous-brigadiers.

5.

LORSQU'IL vaquera des places de Lieutenant, de Chef de Brigade, Brigadier ou Sous-brigadier, dans lesdites Compagnies, le Commandant du Port proposera pour les remplir, les Officiers qui paroîtront les plus propres pour ces emplois, d'après les propositions qui lui seront faites à lui-même par les Commandans desdites Compagnies.

Lesdits Officiers, comment remplacés.

6.

LES Officiers attachés aux Compagnies des Gardes de

Appointemens & supplémens d'appointemens desdits Officiers.

la Marine, jouiront en outre des appointemens attribués à leur grade dans la Marine, des supplémens d'appointemens ci-après énoncés.

SAVOIR, par an.

Les Capitaines de vaisseau, commandant lesdites Compagnies, de trois mille livres.

Les Lieutenans de vaisseau, Lieutenans en premier & en second desdites Compagnies, de huit cents livres.

Les Lieutenans de vaisseau, Chefs de brigades desdites Compagnies, de six cents livres.

Les Enseignes de vaisseau, Brigadiers desdites Compagnies, de trois cents cinquante livres.

Les Enseignes de vaisseau, Sous-brigadiers desdites Compagnies, de deux cents cinquante livres.

7.

Lesdits Officiers cesseront de jouir des supplémens quand ils quitteront leurs fonctions.

LES supplémens d'appointemens, réglés par l'article précédent pour les Officiers attachés aux Compagnies des Gardes de la Marine, cesseront d'avoir lieu pour ceux des Officiers qui en quitteront les fonctions; & alors ils ne jouiront que des appointemens attribués à leur grade dans la Marine.

8.

Solde des Gardes de la Marine.

LES Gardes de la Marine, continueront d'être payés sur le pied, par an, de trois cents soixante livres.

9.

Solde des Hautbois & Tambours.

LES Hautbois seront payés sur le pied par an, de quatre cents quatre-vingts livres chacun; & les Tambours sur le pied par an, de deux cents quatre-vingt-huit livres.

10.

Uniforme des Gardes de la Marine.

L'UNIFORME des Gardes de la Marine sera de drap bleu-de-roi, doublure de serge écarlate; paremens, veste

& culotte de drap écarlate; boutons de cuivre dorés d'or moulu ſur bois, juſqu'à la ceinture, trois ſur les manches & trois ſur chaque poche; chapeau bordé d'or, la cocarde & le plumet blancs; les épées & boucles de ſouliers dorées unies; le ceinturon façon de peau d'élan, doublé & piqué de fil d'or; les bas écarlate; ils auront une aiguillette d'or ſur l'épaule droite: Les Officiers deſdites Compagnies n'auront d'autre uniforme que celui réglé pour leurs grades dans la Marine; ils porteront ſeulement une aiguillette d'or ſur l'épaule droite.

I I.

Porteront exactement l'uniforme.

VEUT Sa Majeſté que les Officiers & Gardes portent toujours l'uniforme dans les Ports & à la mer; leur défend d'y faire aucun changement; leur permet ſeulement de le porter en camelot de laine pendant l'été.

I 2.

Fixation du nombre des Gardes du Pavillon-amiral & de leurs Officiers.

LA Compagnie des Gardes du Pavillon-amiral, établie par les Ordonnances des 18 Novembre 1716 & 7 Juillet 1732, ſera compoſée:

SAVOIR;

Appointemens & ſolde.

D'un Capitaine, qui ſera payé à ſix mille ſix cents livres.

Un Lieutenant en premier, à trois mille livres.

Deux Lieutenans en ſecond, à deux mille quatre cents livres.

Deux Chefs de Brigade, à deux mille deux cents livres.

Quatre Brigadiers, à onze cents cinquante livres.

Quatre Sous-brigadiers, à mille cinquante livres.

Et de ſoixante Gardes qui ſeront payés à quatre cents trente-deux livres chacun.

Elle aura deux Tambours qui ſeront payés ſur le pied de deux cents quatre-vingt-huit livres chacun.

13.

Rang des Officiers.

LES Officiers de ladite Compagnie, auront rang de la date de leurs commiſſions & brevets.

SAVOIR:

Le Capitaine, rang de Capitaine de vaiſſeau.

Le Lieutenant en premier, rang de Lieutenant de vaiſſeau.

Les Lieutenans en ſecond & les Chefs de Brigade, rang de Lieutenans de vaiſſeau.

Les Brigadiers & les Sous-brigadiers, rang d'Enſeignes de vaiſſeau.

Et s'ils avoient déjà le même grade ou autre ſupérieur avant d'être choiſis pour Officiers de ladite Compagnie, ils en conſerveront le rang & l'ancienneté.

14.

Comment ſeront choiſis les Gardes du Pavillon.

LES Gardes du Pavillon ſeront toujours tirés des trois Compagnies des Gardes de la Marine; mais de quelque Compagnie qu'ils ſoient tirés, ils ne pourront jamais être pris que parmi les Gardes de la Marine de la première Claſſe.

15.

L'Amiral préſentera les Officiers & les Gardes.

LES Officiers de ladite Compagnie, & les Gardes, ſeront préſentés par l'Amiral à Sa Majeſté; & il leur ſera expédié en conſéquence les commiſſions, brevets ou ordres, en vertu deſquels ils iront joindre la Compagnie.

Conditions requiſes.

L'Amiral ne pourra néanmoins propoſer à Sa Majeſté pour les emplois vacans dans ladite Compagnie, que des ſujets qui, conformément aux diſpoſitions des articles 10, 11, 12 & 13 de l'Ordonnance du 14 Septembre 1764, concernant les Officiers de la Marine, auront le temps & les ſervices néceſſaires pour acquérir les grades de la Marine, dont leſdits emplois donneroient le rang.

16.

L'UNIFORME des Gardes du Pavillon ſera de drap bleu-de-roi, doublé de ſerge écarlate, ainſi que la veſte; les paremens du juſtaucorps, la veſte & la culotte ſeront de drap écarlate; les boutons de cuivre dorés d'or moulu ſur bois, juſqu'à la ceinture, trois ſur les manches & trois ſur chaque poche; une aiguillette en or ſur l'épaule droite; les bas écarlate; le bord du chapeau à la Mouſquetaire, la cocarde & le plumet blancs; les épées & boucles de ſouliers dorées unies; le ceinturon façon de peau d'élan, doublé & piqué de fil d'or; un bordé d'or large d'un pouce autour des manches & des poches du juſtaucorps.

Uniforme des Gardes du Pavillon.

Les Officiers de la Compagnie ſeront habillés des mêmes étoffes & couleurs; l'habit & la veſte bordés d'un galon d'or d'un pouce & demi, double bordé ſur les manches; ils auront une aiguillette ſur l'épaule droite.

Les Officiers des Gardes du Pavillon & les Gardes, ſe conformeront au ſurplus à ce qui eſt preſcrit pour les Gardes de la Marine, par l'article 11 de la préſente Ordonnance.

17.

LES Gardes du Pavillon & de la Marine, conſerveront entr'eux leur rang d'ancienneté, du jour de la date de l'enregiſtrement de leurs certificats de Gardes de la Marine.

Rang des Gardes du Pavillon & de la Marine entr'eux.

18.

LE Capitaine de la Compagnie des Gardes du Pavillon-amiral, pourra demeurer par-tout où ſera l'Amiral; & en cas que l'Amiral n'aille point à la mer, ledit Capitaine aura le choix de ſervir dans l'un des deux Ports de Breſt ou de Toulon; & il ſera payé comme préſent à ſes fonctions, quand il ſera à la ſuite de l'Amiral.

Réſidence du Commandant de la Compagnie.

19.

Garde dans le port chez l'Amiral.

LORSQUE l'Amiral sera dans le Port, les Officiers & les Gardes du Pavillon qui s'y trouveront, feront la garde continuelle dans son appartement: si le nombre des Gardes du Pavillon n'est pas suffisant, il sera fourni tous les jours un supplément par la Compagnie des Gardes de la Marine.

20.

Garde du Vice-amiral Maréchal de France.

UN Vice-amiral Maréchal de France, se trouvant dans le Port, l'Amiral absent, l'Officier commandant les Gardes du Pavillon, lui fournira quinze Gardes avec un Officier, pour faire la garde dans son appartement.

21.

Garde dûe seulement au plus ancien des Vice-amiraux.

SI les Vice-amiraux se trouvent ensemble dans le Port, & qu'ils soient Maréchaux de France, il ne sera donné de garde qu'à celui qui commandera.

22.

Honneurs à rendre par la garde.

LES Gardes du Pavillon, de garde dans l'appartement de l'Amiral, ou d'un Vice-amiral Maréchal de France, ne prendront les armes que pour les Princes du Sang ou légitimés de France, les Vice-amiraux & le Commandant en chef de ladite Compagnie.

Le Sentinelle frappera trois fois du talon contre le parquet pour les Lieutenans généraux, & deux fois pour les Chefs d'escadre.

23.

Les Gardes du Pavillon-amiral auront la droite sur les Gardes de la Marine.

DANS toutes les occasions où les Gardes du Pavillon-amiral & de la Marine, prendront les armes ensemble, le Détachement de la Compagnie des Gardes du Pavillon aura la droite sur la Compagnie des Gardes de la Marine, dans

dans ce cas ; & pendant les écoles, les deux Corps ſeront commandés par l'Officier ſupérieur, ou le plus ancien des deux Compagnies.

24.

Les Aſpirans deſtinés à devenir Gardes de la Marine.

LES Aſpirans qui ſeront attachés à la ſuite de chaque Compagnie des Gardes de la Marine, ſeront deſtinés à remplir des places dans leſdites Compagnies, auſſitôt qu'ils en auront été jugés dignes, d'après l'examen qui s'en fera dans la forme preſcrite par la préſente Ordonnance.

25.

Suppreſſion des Écoles royales de Marine.

Les Élèves de l'École du Havre, admis en qualité d'Aſpirans.

SUPPRIME Sa Majeſté les Écoles Royales de Marine, créées par l'Ordonnance du 29 Août 1773 ; voulant que les Éléves de l'École établie au Havre, ſoient admis & reçus en qualité d'Aſpirans-gardes de la Marine, & en conſéquence répartis entre les trois Ports de Breſt, Toulon & Rochefort.

26.

Choix des Aſpirans.

Conditions pour leur admiſſion.

LE choix des Aſpirans-gardes de la Marine ſera fait par Sa Majeſté ; il n'en ſera reçu aucun s'il n'eſt Gentilhomme : ils ne pourront être reçus avant l'âge de quatorze ans accomplis. Il ſera par eux rapporté des pièces authentiques de leur nobleſſe, & leur extrait baptiſtaire dûement légaliſé, qu'ils ſeront tenus de préſenter en arrivant dans le Port, au Commandant des Gardes de la Marine.

Entend Sa Majeſté qu'à l'avenir il ne ſera reçu aucun Aſpirant au-deſſus de l'âge de dix-huit ans.

27.

Auront une penſion aſſurée par leur famille.

IL ne ſera expédié aucune Lettre d'admiſſion parmi les Aſpirans-gardes de la Marine, que la famille du ſujet propoſé ne lui ait aſſuré, par un engagement par écrit, adreſſé au Secrétaire d'État ayant le département de la

Marine, une penſion de ſix cents livres au moins par an, payable tous les trois mois dans le Port où ſera établie la Compagnie à laquelle le ſujet propoſé devra être attaché.

28.

Réception.

LE ſujet propoſé qui aura ſatisfait aux conditions des deux articles précédens, préſentera la Lettre d'admiſſion qui lui aura été expédiée par le Secrétaire d'État ayant le département de la Marine, au Commandant des Gardes de la Marine, que ledit Secrétaire d'État en préviendra en même temps, en lui envoyant l'engagement de la famille dudit ſujet, pour le payement de la penſion réglée; lequel engagement demeurera entre les mains dudit Commandant.

29.

Lettres d'admiſſion nulles, en quel cas.

LES Lettres d'admiſſion des Aſpirans-gardes de la Marine, qui ne ſeront pas rendus dans leur département quatre mois après le jour de la date de l'expédition, demeureront nulles; défend Sa Majeſté au Commandant de chaque Compagnie des Gardes de la Marine, d'y avoir égard.

30.

Réception ſuſpendue, en quel cas.

SI quelques-uns des ſujets qui ſe préſenteront, avoient quelque difformité corporelle, veut Sa Majeſté, en ce cas que le Commandant de la Compagnie des Gardes de la Marine ſuſpende leur admiſſion, en rende compte au Secrétaire d'État ayant le département de la Marine, & attende de nouveaux ordres de Sa Majeſté.

31.

Autre cas de ſuſpenſion.

LORS de l'arrivée des Aſpirans, le Commandant de la Compagnie des Gardes de la Marine, vérifiera ſi leſdits Aſpirans ont une écriture liſible, & s'ils ſont inſtruits des quatre premières règles d'Arithmétique ; & dans le cas contraire, il sera sursis à leur admission, & il en sera rendu compte par ledit Commandant au Secrétaire d'État ayant le département de la Marine.

32.

Solde des Aspirans.

CHACUN des Aspirans-gardes de la Marine, effectif & présent dans le Port, sera payé à raison de vingt-quatre livres par mois, sur la revue qui sera passée chaque mois par le Commissaire de la Marine préposé à la revue des Gardes du Pavillon & de la Marine.

33.

Uniforme des Aspirans.

L'UNIFORME des Aspirans sera pareil pour les étoffes, couleurs & boutons, à celui des Gardes de la Marine, à l'exception des paremens que lesdits Aspirans porteront en drap bleu pareil à celui de l'habit ; ils ne porteront point d'aiguillette, & leur chapeau sera tout uni : leur défend Sa Majesté de porter d'autre habit que l'uniforme & d'y faire aucun changement ; leur permet seulement de le porter en camelot de laine pendant l'été.

34.

Les Aspirans, par qui commandés.

LES Aspirans-gardes de la Marine, seront commandés par le Commandant de la Compagnie des Gardes de la Marine dans chaque Port, & subordonnés au surplus aux Officiers de ladite Compagnie & à ceux de la Compagnie des Gardes du Pavillon.

35.

Ne pourront s'absenter des ports. N'auront aucun congé.

AUCUN Aspirant ne pourra s'absenter du département, sous peine d'être renvoyé à sa famille. Enjoint Sa Majesté au Commandant de la Compagnie des Gardes de la Marine, de ne donner aucun congé à aucun Aspirant pendant tout le temps que durera l'épreuve.

36.

N'auront aucun rang entre eux.

LESDITS Aſpirans n'auront aucun rang entre eux : laiſſe cependant Sa Majeſté aux Commandans des Compagnies des Gardes de la Marine, la liberté de faire, relativement aux progrès deſdits Aſpirans, tels arrangemens & diſtributions en différentes claſſes qu'ils jugeront les plus convenables, pour accélérer l'inſtruction, exciter l'émulation & maintenir la diſcipline.

37.

Différens Maîtres établis pour l'inſtruction des Gardes dans le Port.

IL ſera entretenu dans les Ports de Breſt, Toulon & Rochefort, pour l'inſtruction des Gardes du Pavillon & de la Marine & des Aſpirans, des Profeſſeurs de Mathématiques & d'Hydrographie, des Maîtres de Langues Angloiſe & Eſpagnole, de Deſſin, de Conſtruction, d'Eſcrime & de Danſe.

Se réſerve Sa Majeſté de procurer par la ſuite l'extenſion des connoiſſances utiles à la Marine, par l'établiſſement d'un Cours de Phyſique expérimentale.

38.

Objets des Inſtructions.

INDÉPENDAMMENT du Cours de Mathématiques & du Traité de Navigation compoſé à l'uſage des Gardes de la Marine & du Pavillon, il ſera compoſé, par ordre de Sa Majeſté, des Traités-pratiques de la conſtruction, de l'arrimage, du gréement & de la manœuvre des Vaiſſeaux, & des Traités particuliers d'Artillerie & de Tactique des Armées navales.

Les Officiers des Compagnies donneront aux Gardes tous les éclairciſſemens & les inſtructions dont ils pourront avoir beſoin relativement à l'étude de ces différens Traités.

39.

SA MAJESTÉ ayant fait fournir aux Écoles les Livres, Cartes & Inſtrumens néceſſaires pour l'intelligence & la pratique des Sciences qui s'y enſeignent, veut que chaque Profeſſeur ou Maître ſoit chargé & réponde de ceux qui le concernent, qu'il en ſoit fait un état ſigné de chacun d'eux, & remis au Commandant des Gardes de la Marine.

Profeſſeurs & Maîtres chargés des Inſtrumens & des Livres.

40.

LES Officiers des Compagnies des Gardes du Pavillon & de la Marine, les Gardes & les Aſpirans s'aſſembleront chaque jour, le matin & le ſoir, excepté les Dimanches & Fêtes, dans les ſalles qui auront été déſignées pour les Écoles; ils ſe conformeront, pour le temps des études & la police des Écoles, à ce qui ſera preſcrit par le Règlement particulier concernant leſdites Écoles.

Écoles.

41.

UN des Profeſſeurs de Mathématiques ſera particulièrement chargé de l'inſtruction des Aſpirans.

Un des Profeſſeurs deſtiné aux Aſpirans.

42.

LESDITS Aſpirans ſeront tenus d'apprendre les deux premiers volumes du Cours de Mathématiques, compoſé à l'uſage des Gardes du Pavillon & de la Marine, & ne ſeront occupés à aucune des autres parties des études: pourra ſeulement l'Officier commandant dans les Salles, leur faire donner des leçons d'eſcrime & de danſe.

Ce qu'ils ſeront tenus d'apprendre.

43.

IL ſera formé deux Claſſes de Gardes du Pavillon & de la Marine; les Gardes de la première Claſſe ſeront occupés à l'étude des trois premières ſections du Traité de Navi-

Diviſion des Gardes en deux Claſſes, & les objets de leur inſtruction.

gation, composé à l'usage des Gardes de la Marine; des Élémens d'Algèbre nécessaires à l'introduction de la Mécanique, & des Élémens de Mécanique, contenus dans les troisième & quatrième volumes du Cours de Mathématiques; ils ne pourront être embarqués que lorsqu'ils sauront au moins la première section du Traité de Navigation.

Les Gardes de la seconde Classe seront occupés à l'étude des Traités relatifs à la pratique, énoncés dans l'article 38; & ceux qu'un goût particulier porteroit à acquérir des connoissances plus approfondies dans la Théorie, pourront en même temps s'occuper des parties du Cours qui ne sont pas d'obligation.

44.

Examen public par un Examinateur envoyé par Sa Majesté.

IL sera envoyé chaque année, par ordre de Sa Majesté, un Examinateur pour interroger les Gardes du Pavillon & de la Marine de chaque Classe, & les Aspirans, sur les différentes parties de la Théorie dont l'étude est prescrite à chacun d'eux par la présente Ordonnance.

Les Officiers des Compagnies interrogeront en outre les Gardes de la seconde Classe, sur les objets de Pratique, ainsi que les Gardes de la première Classe, qui demanderoient à être examinés sur ces mêmes objets.

Si quelque Garde de la Marine ou du Pavillon demande à être examiné sur les parties du Traité de Navigation, & du Cours de Mathématiques qui ne sont pas d'obligation, l'Examinateur l'interrogera.

L'examen sera fait publiquement, en présence des Commandans des Ports, & des Commandans de chaque Compagnie.

45.

LORSQUE l'examen sera fini, le Commandant du

Port, & le Commandant de chaque Compagnie, feront chacun féparément, une lifte apoftillée de la bonne ou mauvaife conduite, ainfi que des progrès & de la capacité des Gardes qui auront été examinés, & ils l'adrefferont chacun de leur côté, au Secrétaire d'État ayant le département de la Marine, auquel l'Examinateur remettra à fon retour une pareille lifte, dans laquelle il fera mention du degré de capacité qu'il aura reconnu à chaque Garde qu'il aura examiné.

Compte à rendre de l'examen des études & de la conduite des Gardes.

46.

CHAQUE année, après les examens, fur les comptes qui auront été rendus féparément par le Commandant du Port, le Commandant de chaque Compagnie & l'Examinateur, des progrès & de la capacité de chaque Garde, & fur le compte qui aura été rendu de leur conduite par lefdits Commandans, le Secrétaire d'État ayant le département de la Marine adreffera aux Commandans des Compagnies, la lifte des Gardes qui devront monter à la feconde Claffe.

Paffage des Gardes à la feconde claffe d'après les comptes rendus.

47.

CHAQUE Claffe fera formée d'un nombre indéfini de Gardes du Pavillon & de la Marine; l'intention de Sa Majefté étant que tout Garde qui aura été jugé fuffifamment inftruit des parties du Cours de Mathématiques & de Navigation, qui font d'obligation pour la première Claffe, puiffe monter à la feconde, quel que foit fon rang dans la Compagnie; entendant Sa Majefté que l'ancienneté ne foit d'aucune confidération dans la formation defdites Claffes.

Chaque Claffe fera compofée d'un nombre indéfini de Gardes, fans égard à l'ancienneté.

48.

LE fervice des Gardes du Pavillon & de la Marine, tant à terre qu'à la mer, fera fait par ancienneté & fuivant

Le fervice à terre & à la mer fera fait par ancienneté.

l'ordre du Tableau, ſans avoir égard à l'ordre particulier des Claſſes; l'intention de Sa Majeſté étant que le Garde de la première Claſſe, qui ſera l'ancien de celui qui aura paſſé dans la ſeconde Claſſe, puiſſe conſerver ſon ancienneté ſur celui-ci, s'ils ſe retrouvent enſemble dans ladite ſeconde Claſſe.

49.

Les Gardes de la ſeconde Claſſe ſeuls promus au grade d'Enſeigne de vaiſſeau.

IL ne ſera promu aucun Garde du Pavillon ou de la Marine, au grade d'Enſeigne de vaiſſeau, s'il n'eſt de la ſeconde Claſſe.

50.

Auront ſervi pendant deux ans & demi en mer avant d'être faits Enſeignes.

VEUT au ſurplus Sa Majeſté, qu'aucun Garde ne puiſſe parvenir audit grade d'Enſeigne de vaiſſeau, ſans avoir auparavant ſervi en mer au moins deux ans & demi, conformément à l'article 10 de l'Ordonnance du 14 Septembre 1764, concernant les Officiers de la Marine.

51.

Bâtimens armés pour l'inſtruction des Gardes.

POUR faciliter aux Gardes du Pavillon & de la Marine, l'inſtruction de Pratique, qu'ils ne peuvent acquérir qu'à la mer, Sa Majeſté ſe propoſe d'armer chaque année de petits Bâtimens à trois mâts, qui ſeront commandés par un Officier des Compagnies, & ſur leſquels ſeront embarqués ceux des Gardes du Pavillon & de la Marine qui auront fait les plus grands progrès dans la Théorie: Le temps que leſdits Gardes paſſeront ſur leſdits Bâtimens, leur ſera compté comme faiſant partie du temps du ſervice en mer exigé par l'article précédent.

52.

Certificat de mérite pour l'avancement.

SI quelque Garde du Pavillon & de la Marine, de la ſeconde Claſſe, après avoir été examiné ſur la Théorie & la la Pratique & avoir ſervi deux ans & demi en mer, étoit jugé digne, par ſes connoiſſances, d'être fait Enſeigne de vaiſſeau, il lui en ſera délivré un certificat, ſigné du Commandant du Port & du Commandant de la Compagnie, dont un double ſera adreſſé au Secrétaire d'État ayant le département de la Marine, pour en rendre compte à Sa Majeſté, qui y aura égard lors des premiers remplacemens; & l'Examinateur en fera une note ſur la liſte particulière qu'il doit remettre audit Secrétaire d'État ayant le département de la Marine.

53.

Les Aſpirans, par qui, & comment examinés.

LES Aſpirans ſeront examinés, chaque année, ſur les objets contenus dans les deux premiers volumes du Cours de Mathématiques à l'uſage des Gardes du Pavillon & de la Marine, par l'Examinateur deſdits Gardes, nommé par Sa Majeſté: Il ſera rendu compte au Secrétaire d'État ayant le département de la Marine, par le Commandant du Port, par le Commandant de la Compagnie des Gardes de la Marine, & par l'Examinateur, ſéparément, de l'examen qui aura été fait deſdits Aſpirans, dans la forme preſcrite pour les Gardes du Pavillon & de la Marine.

54.

Le Commandant des Gardes de la Marine, rendra compte de leur conduite.

LE Commandant de la Compagnie rendra en outre compte, tous les trois mois, de la conduite & de l'application de chaque Aſpirant.

55.

A quel terme ſeront faits Gardes de la Marine.

A chaque examen, le Commandant du Port, le Commandant de la Compagnie des Gardes de la Marine, & l'Examinateur, indiqueront ſéparément au Secrétaire d'État ayant le département de la Marine, ceux des Aſpirans qui paroîtront ſuffiſamment inſtruits, & qui ſeront jugés capables d'entrer dans la Compagnie des Gardes de la Marine.

56.

A quel terme renvoyés à leur famille pour défaut d'inſtruction.

SI, au terme de deux années d'école, quelqu'un des Aſpirans n'étoit pas encore parvenu à être ſuffiſamment inſtruit des parties de la Théorie preſcrites par l'article 42, il en ſera rendu compte au Secrétaire d'État ayant le département de la Marine, par le Commandant du Port, le Commandant de la Compagnie & l'Examinateur, afin que ledit Aſpirant ſoit renvoyé à ſa famille.

57.

Dans quel cas renvoyés avant le terme de l'épreuve.

MAIS ſi quelqu'un des Aſpirans tomboit dans des fautes graves contre les ſentimens & l'honneur, ou manquoit eſſentiellement à la ſubordination, il en ſera rendu compte par le Commandant du Port & celui des Gardes de la Marine, au Secrétaire d'État ayant le département de la Marine, afin que ledit Aſpirant ſoit renvoyé à ſa famille, ſans attendre le terme de deux années d'épreuve.

58.

Les Aſpirans faits Gardes de la Marine, prendront rang entr'eux ſuivant la date de leurs certificats.

LES Aſpirans qui auront été faits Gardes de la Marine, prendront rang entr'eux dans les Compagnies, du jour de la date de leurs certificats de Gardes de la Marine; & leſdits certificats ſeront enregiſtrés au contrôle de la Marine, ſuivant l'ordre des dates.

59.

Ils tireront au ſort ſi pluſieurs ſont nommés à la fois Gardes de la Marine.

SI pluſieurs certificats ſont datés du même jour, les Gardes de la Marine tireront au ſort devant leur Commandant, pour décider de leur ancienneté & de l'ordre dans lequel ils devront être enregiſtrés au contrôle de la Marine.

60.

Si dans le nombre des Aſpirans qui auront été nommés Gardes de la Marine le même jour, il s'en trouve qui ſoient fils ou neveux du même nom, d'Officiers généraux de la Marine, de Capitaines ou Lieutenans de vaiſſeau, les certificats deſdits Aſpirans ſeront enregiſtrés au Contrôle avant ceux des autres Aſpirans, ſur leſquels Sa Majeſté veut bien que dans ce cas les enfans du Corps prennent l'ancienneté.

Les enfans du Corps auront l'ancienneté ſur les autres Aſpirans qui ſeront faits Gardes de la Marine le même jour.

61.

Si les Gardes de la Marine des différens Départemens, ſe trouvent enregiſtrés du même jour, ils auront entr'eux le rang que Sa Majeſté leur aura donné dans la liſte générale.

Rang de ceux enregiſtrés le même jour dans les différens départemens.

62.

Les Détachemens des Gardes du Pavillon & de la Marine, deſtinés à être embarqués ſur les vaiſſeaux de Sa Majeſté, ſeront faits par leurs Commandans, qui obſerveront de les prendre par tour de ſervice, ſans aucune préférence: voulant Sa Majeſté que chacun aille à la mer à ſon tour, lorſqu'il s'agira des Détachemens à embarquer ſur les vaiſſeaux, Elle enjoint au Commandant du Port d'y tenir la main.

Détachement des Gardes ſur les vaiſſeaux par tour de ſervice.

63.

La liſte des Détachemens des Gardes embarqués, ſera remiſe double par le Commandant des Gardes au Commandant du Port, qui en gardera une & fera paſſer l'autre à l'Intendant de la Marine.

Liſte double des Détachemens, remiſe au Commandant du Port.

64.

Chaque Détachement ſera commandé par un Officier

Par qui sera commandé chaque Détachement. de la Compagnie, & à son défaut, par le Garde le plus ancien du Détachement.

65.

Détachement composé de deux Compagnies. LES Gardes des Compagnies du Pavillon-amiral & de la Marine, se trouvant mêlés dans le même Détachement, prendront rang entr'eux du jour de la date de leurs certificats de Gardes de la Marine : le plus ancien commandera le tout.

66.

Ces Détachemens seront présentés aux Commandans. TOUS les Gardes détachés pour servir sur les vaisseaux d'une Armée ou Escadre, seront présentés par leur Officier supérieur au Commandant du Port & au Général qui commandera l'Armée.

Chaque Détachement sera présenté par son Commandant particulier, au Capitaine du vaisseau sur lequel il sera destiné, & lui demandera ses ordres.

67.

Nombre des Gardes embarqués. LE nombre des Gardes de chaque Détachement en temps de guerre, sera fixé par des ordres particuliers de Sa Majesté suivant l'objet des Campagnes ; voulant Sa Majesté qu'en temps de paix, il soit embarqué au moins deux Gardes du Pavillon ou de la Marine sur les plus petits Bâtimens, six sur les frégates de vingt-six canons & au-dessus, huit sur les vaisseaux de cinquante & de soixante-quatre, dix sur les vaisseaux de soixante-quatorze, & douze sur ceux de quatre-vingts & au-dessus ; enjoint Sa Majesté aux Commandans des Ports de tenir exactement la main à l'exécution du présent article.

68.

LE plus ancien des Officiers des Gardes de la Marine,

embarqué ſur chaque Eſcadre, ſera particulièrement chargé de veiller à leur conduite, il en informera le Général & prendra ſes ordres dans tous les cas qui pourroient arriver; il en ſera de même de l'Officier de la Compagnie des Gardes du Pavillon, pour les Gardes de ladite Compagnie.

Le plus ancien Officier embarqué ſur chaque eſcadre, veillera à la conduite des Gardes.

69.

LES Officiers deſdites Compagnies ſeront embarqués par tour de ſervice ſur les vaiſſeaux, ſuivant leur grade; ils ſeront préſentés au Commandant du Port, par leurs Commandans, qui obſerveront qu'il en reſte toujours dans le Port un nombre ſuffiſant pour le maintien de la diſcipline des Écoles.

Les Officiers des Compagnies, embarqueront par tour.

70.

LES Officiers des Compagnies des Gardes du Pavillon & de la Marine, embarqués ſur les vaiſſeaux, y feront le ſervice avec les autres Officiers de la Marine, ſuivant leur rang d'ancienneté & leurs grades.

Les Officiers embarqués, feront le ſervice du vaiſſeau.

71.

LORSQUE l'Amiral commandera l'Armée, il ſera embarqué ſur ſon vaiſſeau tel nombre de Gardes du Pavillon qu'il voudra, leſquels feront la garde à la porte de ſa chambre; ils ne prendront les armes que pour ſa perſonne & pour celles mentionnées dans l'article 22 de la préſente Ordonnance; il fera embarquer les autres Gardes ſur tel vaiſſeau qu'il ordonnera.

Gardes du Pavillon, embarqués ſur le vaiſſeau commandé par l'Amiral.

72.

SI l'Amiral juge à propos de mettre ſur le vaiſſeau qu'il montera, un plus grand nombre de Gardes qu'il ne s'en trouvera dans le port dans la Compagnie du Pavillon-amiral, il y joindra tel nombre de Gardes de la Marine qu'il voudra; ils feront le même ſervice que les Gardes

L'Amiral y joindra tel nombre de Gardes de la Marine qu'il voudra.

du Pavillon, feront commandés par les Officiers de ladite Compagnie; & après la Campagne, les Gardes de la Marine rejoindront leur Compagnie.

73.

Détachement pour un Vice-amiral.

SI l'Armée ou Efcadre eft commandée par un Vice-amiral, il fera embarqué fur fon vaiffeau la moitié du Détachement des Gardes du Pavillon, exiftant dans le Port, avec un Officier.

74.

Détachement pour un Vice-amiral portant le pavillon carré.

SI un Vice-amiral a la permiffion de porter le pavillon carré au grand mât, il fera embarqué fur fon bord les deux tiers du Détachement exiftant dans le Port.

Ce Détachement fera commandé par un Lieutenant de la Compagnie; le tiers reftant des Gardes du Pavillon, fera commandé par un Chef de brigade, & formera le Détachement du fecond pavillon.

75.

Détachement d'un Contre-amiral.

SI une Efcadre eft commandée par un Lieutenant général ou Chef d'efcadre, portant pavillon de Contre-amiral, il fera détaché fur fon vaiffeau, un Brigadier avec quinze Gardes du Pavillon.

76.

Détachement de l'Officier général portant le guidon ou la cornette.

SI l'Officier général ne porte que le guidon ou la cornette, fon Détachement fera de douze Gardes du Pavillon, commandés par un Sous-brigadier.

77.

Gardes à bord du Vice-amiral.

LES Gardes du Pavillon feront la garde dans le vaiffeau, à la porte du Vice-amiral.

78.

SI les Gardes du Pavillon font détachés fur le vaiffeau

d'un Lieutenant général ou Chef d'escadre, commandant en chef, ils feront la garde à sa porte quand il le jugera à propos, mais pendant le jour seulement; & lorsqu'il sera à l'ancre, ils prendront les armes pour sa personne & pour celles mentionnées dans l'article 22 : lorsque le vaisseau sera à la voile, au lieu de garde ils feront régulièrement le Quart avec les Officiers du vaisseau.

Gardes à bord du Lieutenant général ou Chef d'escadre.

79.

LES Détachemens appartenans aux Gardes du Pavillon étant faits, les Détachemens des autres vaisseaux seront composés des Gardes du Pavillon & des Gardes de la Marine; de manière que le nombre des Gardes de chaque Corps embarqué sur toute l'Escadre, soit toujours en proportion du nombre des Gardes de chaque Compagnie qui seront dans le Port.

Détachement des Gardes sur les autres vaisseaux.

80.

IL sera fourni à la mer aux Gardes du Pavillon & de la Marine, outre leur solde ordinaire, deux rations, qui leur seront payées en argent par le Trésorier de la Marine, sur un ordre de l'Intendant du Port, à moins qu'ils ne préfèrent de les prendre en nature.

Il sera fourni deux rations à chaque Garde.

81.

DÉFEND Sa Majesté à tous Officiers commandant ses vaisseaux, de donner la table habituellement à aucun Garde du Pavillon & de la Marine.

Défense aux Commandans des vaisseaux, de nourrir les Gardes à leur table.

82.

LES Gardes du Pavillon & de la Marine, embarqués sur les vaisseaux, se porteront avec zèle à toutes les manœuvres.

Ils feront le Quart.

Il seront partagés à la mer sous les ordres des Officiers

chargés du Quart; ils le feront exactement jour & nuit.

Les Officiers de Quart les interrogeront & les instruiront sur toutes les manœuvres, en leur expliquant les occasions où il est à propos de les exécuter.

83.

Poste dans le combat.

ILS occuperont dans le combat le poste que le Capitaine jugera à propos de leur donner.

84.

Leur instruction à la mer.

POUR cultiver & entretenir à la mer les connoissances que les Gardes auront prises dans les Écoles, le Commandant du Détachement prendra les ordres du Capitaine de vaisseau pour régler les heures convenables aux études que les Gardes seront tenus de continuer en mer, sur les différens objets de théorie & de pratique dont ils auront été occupés dans les écoles. Le Commandant du Détachement se trouvera toujours avec eux pendant le temps desdites études, & sera présent aux leçons qui pourront leur être données en conséquence des ordres du Capitaine, par le premier Maître-d'équipage, le premier Maître-pilote & le Maître-canonnier, relativement au gréement du vaisseau, aux connoissances hydrographiques & à la pratique du canonnage.

85.

Ils feront leurs journaux à la mer.

LES Gardes du Pavillon & de la Marine, capables de faire leurs journaux à la mer, seront obligés de les représenter à leur Officier & au Capitaine commandant le vaisseau, auquel ils donneront tous les jours leur Point; lesdits journaux seront, à leur retour, examinés par les Commandans de leur Compagnie & le Professeur d'Hydrographie, qui leur fera remarquer les fautes qu'ils auront pu faire.

86.

86.

Permission d'aller à terre.

LES Gardes embarqués ſur un vaiſſeau, ne pourront aller à terre ſans la permiſſion de leur Officier particulier, indépendamment de celle de l'Officier commandant le vaiſſeau.

87.

Par qui ils ſeront commandés en cas de deſcente.

EN cas de deſcente, ils ſeront toujours commandés par leur Officier, à l'excluſion de ceux des vaiſſeaux qui ſeroient les plus anciens.

88.

En quel cas ils commanderont les Maîtres à la mer.

SI, par les évènemens d'un combat, ou quelqu'autre cauſe que ce ſoit, un vaiſſeau ſe trouvoit ſans Officier de la Marine; veut Sa Majeſté que le commandement en appartienne au plus ancien Garde du Pavillon ou de la Marine, préférablement au Maître d'équipage, au Pilote & à tous autres.

89.

Certificats de bonne conduite au retour de la mer.

AU retour des Campagnes, l'Officier ou le plus ancien des Gardes, qui commandera le Détachement de chaque vaiſſeau, ſera obligé de demander au Capitaine, ſous les ordres duquel il viendra de ſervir, un double certificat de bonne conduite, dans lequel chaque Garde ſera apoſtillé ſur ſes bonnes ou mauvaiſes qualités, & le plus ou le moins de progrès qu'il aura faits dans la Campagne.

90.

À qui ces certificats ſeront remis.

CES certificats ſeront remis par chaque Commandant de Détachement, au Commandant de ſa Compagnie, qui en conſervera un, & remettra l'autre au Commandant du Port.

91.

Fusils fournis par les Écoles.

LES Gardes devant être instruits & exercés au maniement des armes, Sa Majesté fera fournir dans chaque École, un nombre suffisant de fusils & de gargoussiers, qui seront entretenus propres par un Armurier payé à cet effet.

92.

Défense de les sortir des Écoles.

DÉFEND Sa Majesté qu'on ne sorte aucun fusil des Écoles, excepté dans les occasions où les Compagnies prendront les armes dans le Port.

93.

Fusils fournis pour la mer.

LES Gardes détachés sur les vaisseaux, continueront dêtre armés de fusils tirés de l'Arsenal; ils en répondront, & lesdits fusils, au désarmement, seront rendus en bon état par le Commandant de chaque Détachement.

94.

Inspection sur les bâtimens destinés aux Écoles.

LE Commandant des Gardes de la Marine de chaque Port, continuera, comme par le passé, d'être chargé de veiller à la sûreté & à l'entretien du bâtiment destiné aux Écoles.

95.

Avertir l'Intendant & l'Ingénieur.

IL avertira l'Intendant de la Marine & l'Ingénieur chargé des bâtimens de l'Arsenal, des réparations qu'il croira nécessaires pour la conservation de cet édifice.

96.

Autorité sur les Professeurs & Maîtres.

IL aura autorité sur les Professeurs & Maîtres d'exercice, en les traitant d'ailleurs avec les égards qui conviennent, pour les faire respecter des Gardes.

97.

Il ſera fait, à la fin de chaque mois, par le Commiſſaire de la Marine prépoſé à cet effet par l'Intendant de chaque Port, une revue des Compagnies des Gardes du Pavillon & de la Marine, ſervant dans le Port; lui défend Sa Majeſté, à peine d'interdiction, d'en employer aucun dans les extraits qu'il remettra à l'Intendant, pour être envoyés au Secrétaire d'État ayant le département de la Marine, s'il n'a été effectivement préſent. *Revues.*

La revue ſera faite aux ſalles d'École; les Gardes y prendront les armes, & auront leurs Officiers à leur tête.

Les Aſpirans paſſeront la revue ſans armes, à la ſuite de la Compagnie des Gardes de la Marine; les Profeſſeurs & Maîtres attachés aux Écoles, paſſeront pareillement la revue chaque mois à la ſuite des Compagnies.

98.

Les appointemens ou ſolde des Officiers des Gardes du Pavillon & de la Marine, des Gardes, des Aſpirans, & des Profeſſeurs & Maîtres attachés aux Compagnies, ſeront payés chaque mois après la revue. *Les Gardes & Aſpirans, & les Profeſſeurs & Maîtres ſeront payés chaque mois.*

99.

Les Gardes du Pavillon & de la Marine ne pourront s'éloigner du Port de plus d'une lieue ſans congé, ni ſortir de la ville avec des fuſils ſans permiſſion, à peine de priſon pour la première fois, & de caſſation en cas de récidive. *Défenſes aux Gardes de porter des fuſils & de s'éloigner du port de plus d'une lieue, ſans permiſſion.*

100.

Ils ne pourront quitter le ſervice ſans en avoir obtenu la permiſſion de Sa Majeſté, à peine d'un an de priſon, *Défenſes de quitter le ſervice ſans permiſſion.*

& d'être regardés comme inhabiles à remplir aucun emploi au service du Roi.

101.

Défenses d'excéder le temps fixé par les congés.

LES Gardes qui, ayant obtenu des congés de Sa Majesté, ne se rendront pas dans leur Département au temps fixé, seront mis en prison, & privés de leur solde autant de jours qu'ils auront excédé le terme dudit congé.

102.

Défenses de se marier.

DÉFEND Sa Majesté à tous Gardes de se marier, sous peine d'être renvoyés de son service.

103.

Droits respectifs aux Officiers des Compagnies, de réprimer les Gardes & Aspirans qui se trouveroient en faute.

LES Officiers des Compagnies des Gardes du Pavillon & de la Marine, auront respectivement le droit d'en imposer, de mettre en prison les Gardes & Aspirans qu'ils trouveront en faute, dans quelqu'occasion & en quelque lieu que ce soit, & ils en rendront compte sur le champ au Commandant de la Compagnie du Garde ou de l'Aspirant délinquant.

104.

Les Gardes du Pavillon & de la Marine, & les Aspirans, subordonnés à tous les Officiers de vaisseau.

ORDONNE Sa Majesté à tous les Gardes du Pavillon & de la Marine, & à tous les Aspirans, sous peine d'être renvoyés à leur famille, & sous plus grande peine, si le cas l'exige, d'obéir en tous points, non-seulement aux Officiers particulièrement attachés aux Compagnies des Gardes du Pavillon & de la Marine, mais encore à tous les Officiers de la Marine auxquels ils sont pareillement subordonnés.

105.

Injonction à tous les Officiers

VEUT Sa Majesté que tout Officier de la Marine, qui trouvera un Garde du Pavillon ou de la Marine, ou un Aſpirant, en faute hors des Écoles, lui ordonne les arrêts, & en rende compte ſur le champ au Commandant du Port; ordonne Sa Majeſté audit Garde ou Aſpirant de s'y rendre ſans délai, ſous peine d'être puni avec la plus grande rigueur, comme ayant manqué à la ſubordination.

de la Marine, d'ordonner les arrêts aux Gardes & Aſpirans qu'ils trouveront en faute.

106.

ORDONNE Sa Majeſté, ſous peine d'interdiction, aux Commandans & Officiers des Compagnies, de veiller ſur la conduite des Gardes du Pavillon & de la Marine, & des Aſpirans; d'empêcher qu'ils ne commettent des déſordres, & ne troublent en aucune manière le repos public: Enjoint au Commandant de chaque Port, d'y tenir la main, & de rendre compte ſur le champ à Sa Majeſté, des manquemens en ce genre qui viendroient à ſa connoiſſance.

Injonction aux Commandans d'empêcher qu'il ne ſoit commis aucun déſordre par les Gardes & Aſpirans.

107.

DANS le cas où un Garde du Pavillon ou de la Marine, ou un Aſpirant, viendroit à commettre une faute qui méritât une punition prompte & exemplaire, autoriſe, Sa Majeſté, le Commandant de la Compagnie, à renvoyer proviſoirement ledit Garde ou Aſpirant à ſa famille, après en avoir pris l'ordre du Commandant du Port, & ſans attendre la réponſe du Secrétaire d'État ayant le département de la Marine, auquel le Commandant du Port & le Commandant de la compagnie du Garde ou Aſpirant délinquant, en rendront compte ſur le champ.

Dans quel cas Sa Majeſté, autoriſe les Commandans des Compagnies à renvoyer un Garde ou un Aſpirant, à ſa famille.

108.

VEUT Sa Majeſté que la préſente Ordonnance ſoit exécutée ſelon ſa forme & teneur, à commencer du 1.er Avril prochain, dérogeant à toute autre Ordonnance ou Règlement à ce contraires: Entend au ſurplus, que les diſpoſitions de l'Ordonnance du 25 Mars 1765, concernant la Marine, ſoient maintenues & ſuivies en ce qui n'eſt pas contraire à la préſente Ordonnance.

MANDE & ordonne Sa Majeſté à Monſ. le Duc de Penthièvre, Amiral de France, aux Vice-amiraux, Lieutenans généraux, Intendans, Chefs d'Eſcadre, Commandans des Ports, Commandans des Gardes du Pavillon & de la Marine, Commiſſaires généraux & ordinaires de la Marine, & à tous autres qu'il appartiendra, de tenir la main à l'exécution de la préſente Ordonnance. FAIT à Verſailles le deux Mars mil ſept cent ſoixante-quinze. *Signé* LOUIS. *Et plus bas,* DE SARTINE.

LE DUC DE PENTHIÈVRE, Amiral de France, Gouverneur & Lieutenant général pour le Roi en ſa province de Bretagne.

VU l'Ordonnance du Roi ci-deſſus & des autres parts, à nous adreſſée: MANDONS aux Vice-amiraux, Lieutenans généraux, Intendans, Chefs d'Eſcadre, Commandans des Ports, Commandans des Gardes du Pavillon & de la Marine, Commiſſaires généraux & ordinaires de la Marine, & autres qu'il appartiendra, de la faire exécuter ſuivant ſa forme & teneur. FAIT à Paris le ſept Mars mil ſept cent ſoixante-quinze. *Signé* L. J. M. DE BOURBON. *Et plus bas,* Par ſon Alteſſe Séréniſſime. *Signé* DE GRANDBOURG.

A PARIS, DE L'IMPRIMERIE ROYALE. 1775.

www.ingramcontent.com/pod-product-compliance
Ingram Content Group UK Ltd.
Pitfield, Milton Keynes, MK11 3LW, UK
UKHW020223180726
13838UKWH00005B/2157

9 782329 347332